CÉDRIC

Des rollers à tout prix

RETROUVEZ **CÉDRIC**

DANS LA BIBLIOTHÈQUE ROSE

Moi, j'aime l'école

Mon papa est astronaute

La fête de l'école

Roulez, jeunesse !

La photo

J'aime pas les vacances

Maladie d'amour

Tout est dans la tête

Des rollers à tout prix

CÉDRIC

Cauvin - Laudec

Des rollers à tout prix

Adaptation : Claude Carré

HACHETTE

D'après la série télévisée *Cédric* adaptée des albums de bande dessinée de Laudec et Cauvin, parus aux éditions Dupuis. Une coproduction Dupuis Audiovisuel, France 3, Canal J, RTBF.
Histoires originales de Laudec et Cauvin, adaptées pour l'écran par Sophie Decroisette et Béatrice Marthouret.
Maquette : Jean-Bernard Boulnois.

1

Des rollers à tout prix

Mon pépé, il dit toujours : « Quand on a des amis, il faut savoir faire des sacrifices pour eux. » Eh ben, il y a quelques jours, j'ai enfin compris ce qu'il voulait dire. Grâce à Christian. Mon copain Christian a un gros problème : il est amoureux d'une fille qui court plus vite que lui.

Caprice, c'est une fille à peu près comme les autres, sauf qu'elle est née avec un moteur à réaction quelque part dans les jambes. Quand elle court, personne n'arrive à la rattraper. Le problème, c'est qu'elle court souvent, et que Christian, comme sportif, on a fait mieux mais rarement pire.

Pas plus tard qu'hier, je passais par le parc avec mon skate et je vois ce pauvre Christian en train de se traîner le long d'une allée, tout en

sueur et haletant. Il dégageait à peu près autant d'énergie qu'un demi-escargot. Il faisait :

— Caprice ! Pfff… Arrête !

Caprice, je l'avais vue passer mais elle était déjà loin. Il insistait, en plus :

— Caprice ! Attends ! J'ai quelque chose à te… pfff ! dire… pfff !…

Il n'y avait personne pour l'écouter, à part deux ou trois moineaux, posés sur une branche, qui avaient l'air de se moquer de lui.

Alors Christian s'est mis à hurler :

— CAPRICE !!!

C'en était trop, je n'ai pas pu me retenir ; j'ai éclaté de rire :

— Wha ha ha ha ha !!!

Ça lui a donné un coup au moral, à Christian ; il a tourné la tête vers moi, a vu que j'étais plié en deux et il est resté planté là, malheureux comme une pierre.

Je n'aime pas le voir comme ça. On peut bien se moquer, de temps en temps, mais il ne faut pas que ça dure. J'ai décidé de me calmer.

Christian avait l'air d'en avoir vraiment ras la casquette. Il secouait la tête de droite à gauche tout en parlant :

— Pfff !!! J'en ai marre… J'abandonne. Je l'aime, mais je ne peux même pas lui dire. J'ai à peine le temps de prononcer son nom qu'elle est déjà deux cents mètres plus loin. Elle court beaucoup trop vite !

Il fallait que je prenne les choses en main. Je lui ai dit :

— Tu sais, mon vieux, il va falloir

t'y faire ! Si tu veux lui parler, il faut que tu trouves une solution pour la rattrapper...

Il a hoché la tête d'un air catastrophé ; il avait déjà dû y réfléchir mais n'avait pas trouvé grand-chose. Le pauvre. Au fond, c'est vrai, sa situation était un peu désespérée. Je me suis mis à penser tout haut :

— Heureusement, moi, je n'ai pas ce problème avec...

Et au moment où j'allais prononcer mon prénom préféré, quelque

chose d'étrange est passé comme une flèche devant nous, quelque chose qui roulait, avec un casque aux couleurs vives. J'ai écarquillé les yeux et j'ai dit :

— Qu'est-ce que c'était que ça ?

Christian a levé vers moi un regard de chien battu. Il a fait, en haussant ses épaules de quelques centimètres :

— Ben, c'était Chen… Sur des rollers.

J'ai cru avoir mal entendu :

— SUR DES QUOI ?

Christian a eu l'air surpris par ma question.

— T'étais pas au courant ? Chen s'est mise aux rollers !

Comme je restais sans voix, il en a rajouté une couche, mais une couche spéciale, en peau de hérisson, et farcie aux orties :

— C'est Nicolas qui les lui a offerts.

J'ai failli m'étrangler. D'autant que les trois moineaux, dans l'arbre au-dessus de nous, s'étaient remis à

piailler et semblaient maintenant se ficher de moi. D'un mouvement brusque, je me suis relevé et j'ai empoigné mon skate. Chen était déjà loin, mais je me sentais assez enragé et assez fort pour rattraper le champion du monde de rollers.

— Nicolas ? Rhhhhh... Mille milliards de crédidjû !

Quand j'ai fini par apercevoir Chen, elle était de l'autre côté du grand bassin. Tout en continuant à foncer sur ma planche, j'ai crié :

— Chen !

Autant essayer d'appeler un joueur de foot au milieu d'un match, dans un stade rempli de milliers de spectateurs. Je pris une nouvelle inspiration, à m'en décrocher les poumons :

— Chen, attends ! J'ai quelque chose à te dire !

Mais avec son casque sur les oreilles, elle était devenue aussi sourde qu'une tortue de mer.

— CHEN !

Rien à faire ; mon cœur battait sur un rythme fou et plein de chats sifflaient dans ma gorge chaque fois que je voulais respirer. Je devais accepter ma défaite.

Alors, épuisé, maheureux et vaincu, je suis revenu sur mes pas. J'ai été retrouver Christian. Il avait assisté à ma course inutile et ne semblait pas surpris.

— Eh oui, a-t-il dit : le skate, c'est dépassé ! Maintenant il y a les rollers, ça va plus vite, les rollers.

J'avais un mal fou à reprendre ma respiration, et surtout je me sentais

vexé comme un pou. Christian, qui manque souvent de délicatesse, a cru bon de rajouter :

— Tu sais, mon vieux Cédric... Il faut t'y faire : si tu veux lui parler, il faut que tu trouves une solution pour la rattraper !

J'avais bien compris, merci. En fait, je crois que Chen me lançait un message et ce message disait : « Si tu veux m'aimer, il faut être dans le coup ! » Je n'avais pas trente-six solutions.

Un peu plus tard dans l'après-midi, quand je suis rentré à la maison, j'avais une idée. À peine la porte fran-

chie, à peine un orteil posé dans le salon, j'ai envoyé voler mon skate à travers la pièce et je me suis mis à hurler :

— Je veux des rollers, vous m'entendez ! JE VEUX DES ROLLERS ! DES ROLLERS !

Dans le salon, il y avait pépé, qui somnolait dans son fauteuil et papa et maman qui étaient assis à la table

de la salle à manger ; ils buvaient tranquillement leur tasse de café de cinq heures, comme tous les samedis. Dérangé dans son sommeil, pépé a réagi le premier, assez mollement :

— Mmmh ?

J'ai crié encore un peu plus fort :

— JE VEUX DES ROLLERS ! JE VEUX DES ROLLERS ! JE VEUX DES ROLLERS !

Cette fois, papa est intervenu :

— Ça suffit, oui ? Non mais qu'est-ce que c'est que ces manières ?

Ces manières, c'était que je ne pouvais pas faire attendre Chen plus longtemps ; il y avait urgence. Au risque de me répéter, j'ai encore dit :

— Ben, je veux des rollers.

Maman a reposé sa tasse.

— D'accord, mais pourquoi tu cries comme ça ? s'est-elle étonnée ; achète-les, si tu en veux !

Je ne demandais pas mieux, moi. Il y avait juste un petit problème :

— Ben c'est que... j'ai pas assez d'argent…

Papa m'a d'abord pris un peu de haut :

— Ça arrive, hélas. À tout le monde.

Heureusement, je pouvais compter sur maman pour me venir en aide. Elle a proposé :

— Tu n'as pas d'argent, d'accord, mais au moins arrange-toi pour en gagner un peu ! Rends-toi utile, fais des petits boulots par-ci, par-là !

Papa a encore essayé de me critiquer :

— Oui ! C'est trop facile de toujours réclamer et de rester là, à ne rien faire !

— C'est bien vrai ça, a aussitôt approuvé pépé.

Il aurait mieux fait de se taire, parce que papa lui a jeté un regard très noir. Moi, pendant ce temps, je hochais la tête ; l'idée ne me semblait pas mauvaise. J'ai voulu vérifier s'ils étaient sérieux.

— Des petits boulots, vous croyez ?

— Mais oui ! a insisté maman ; et si tu y mets du tien, nous t'aiderons.

Ça, ça me plaisait déjà plus ; je me suis rapproché d'elle, avec un grand sourire.

— Nous ? Qui ça, nous ?

— Eh bien, ton père, bien sûr, moi et… je suis certaine que ton grand-père pourrait rajouter quelque chose… N'est-ce pas, papa ?

— Rronnnnn… Rrooonn…

Tout le monde s'est tourné vers pépé, mais il venait de plonger brusquement dans un profond sommeil. C'est l'un des meilleurs « trucs » qu'il a trouvés, pépé, pour éviter les ennuis ; il fait semblant de dormir quand il est sur le point de se trouver dans une situation embarrassante !

Papa et maman m'avaient convaincu. Il fallait que je fasse des économies. Si je voulais des rollers, je n'avais pas le choix... Alors à moi le monde du travail et les petits emplois !

J'ai commencé par des boulots faciles. Dès le lendemain après-midi, je suis allé trouver Mme Bertrand. Elle m'a accueilli sur le perron de sa maison, très contente de me voir.

— Tu veux promener mon chien ? Comme c'est gentil à toi ; il va être ravi !

Elle s'est tournée et a appelé :

— CALIGULA ! Devine qui est là.

Alors son gros monstre poilu a jailli pour se jeter sur moi. Il m'a léché avec tant d'amour qu'en dix secondes, j'ai été couvert de bave. C'était ignoble. Mais il fallait que je tienne bon. Mme Bertrand a passé sa laisse au cou du chien, et est rentrée chez elle en disant :

— Allez, je vous laisse vous amuser !

À tout à l'heure !

M'amuser, avec cet énorme cabot baveux ? Je ne faisais ça que pour mes rollers, et pour plaire à Chen ! Dès que j'ai tourné le coin de la rue, j'ai mis les choses au point avec Caligula :

— Bon, tu vas m'écouter, maintenant, sale bête ! Je ne veux plus que tu poses ta langue sur moi, c'est compris ?

Je devais avoir l'air très méchant parce qu'il s'est tout de suite aplati au sol, comme une limace, en gémissant :

— Kaï-kaï-kaï !!!

J'ai souri.

— Làààààààà, c'est mieux, Caligula !

On peut y aller, maintenant !

Ça devait être sa première balade depuis trois semaines ; il a démarré à fond de train, en direction du parc et je me suis envolé, à l'autre bout de sa laisse. J'avais l'impression de faire du deltaplane.

— Hééééé… Arrêêêête…

Lorsqu'il a un peu ralenti, j'ai retouché terre, mais en m'encastrant dans un lampadaire. Je l'avais bien mérité, mon petit salaire ! Un peu plus tard dans la soirée, j'ai choisi une activité plus tranquille. Je me suis installé à la sortie de la supérette et j'ai attendu qu'une personne bien chargée en sorte, avec plein de sacs très lourds. Ça n'a pas tardé : une gentille dame est arrivée, tout empêtrée avec ses paniers. Je me suis approchée d'elle avec mon plus beau sourire.

— Bonjour, madame. Vous voulez que je porte vos sacs ?

— Merci, mon petit, tu es bien aimable…

Elle m'a collé ses deux plus gros sacs dans les bras. Quelques centaines de mètres plus loin, j'ai eu droit à mon petit billet. Sans parler du plaisir que

j'avais eu à rendre service ! On est toujours récompensé quand on rend service.

Chaque jour, j'ai eu une nouvelle idée. Je suis même allé garder les chats de ma marraine Jeanne, pendant qu'elle faisait des courses en ville. En général, je n'ai rien contre les chats, mais là, il y en avait vingt-quatre. Ils ont passé leur temps à se frotter contre moi et à se faire les griffes sur mon jean ; j'ai senti le pipi de chat pendant huit jours.

Après, je me suis proposé pour passer la tondeuse dans le jardin. Ce n'était plus tellement l'époque, puisqu'on était au début de l'hiver, mais papa a accepté, pour me faire plaisir. J'en ai bavé : la terre était toute dure et le gazon était tellement ras que j'ai surtout tondu des cailloux. À cause des vibrations, j'ai eu les poignets tout tremblants pendant huit jours. Qu'est-ce que c'est dur, de gagner sa vie !

Même que malgré tous mes efforts, ma tirelire ne se remplissait pas vite. Alors, dans le même temps, à l'école, j'en ai mis un coup, pour mes devoirs. Mlle Nelly ne me reconnaissait plus ; si bien que lorsque j'ai eu mon bulletin, je n'en croyais pas mes yeux, moi non plus ! J'ai couru chez moi et je suis entré en trombe dans le salon. Papa était là, surpris de me voir arriver si joyeux ; je lui ai collé mon bulletin sous le nez, en sautant sur place.

— Papa !!! Regarde ! Regarde !

Il a eu du mal à l'attraper, parce que

je bondissais toujours, mais quand il a pu y jeter un œil, il a été impressionné.

Il a quand même semblé méfiant :

— Euh, tu es sûr que ce bulletin est le tien, Cédric ?

J'ai hoché la tête. Alors il m'a félicité :

— Bravo, fiston !

Puis voyant que j'avais l'air d'attendre quelque chose, il a ajouté :

— Hem !... Je pense que ce bulletin mérite une petite récompense.

Gagner de l'argent, ce n'est pas compliqué, finalement. Bon, évidem-

ment, lorsque papa parlait de petite récompense, il avait raison : elle était vraiment petite. Mais ce billet-là s'additionnant aux autres, ma cagnotte grossissait petit à petit ; je devais persévérer !

Je suis retourné à la supérette et j'ai proposé aux clients de mettre pour eux les provisions dans leurs sacs. J'ai eu un certain succès. Une de mes clientes a même engagé la conversation avec moi :

— Cet argent que tu veux gagner,

c'est pour une bonne action, j'espère ?

Je ne m'attendais pas à une question de ce genre, mais je m'en suis bien sorti ; j'ai dit :

— Euh… oui… Enfin, si on veut… Pour moi, en tout cas, c'est une bonne action.

Pendant plusieurs semaines, j'ai travaillé à ce rythme. Le problème, c'est que je me décourageais quand même assez souvent. Surtout le soir où j'ai ouvert ma tirelire pour compter mes économies. J'étais un peu désespéré, en pensant au modèle de rollers que j'avais déjà choisi. Je me suis dit :

— Ben, à ce rythme-là, je risque d'avoir la barbe et des moustaches avant de pouvoir m'en payer la moitié d'une paire !

Bref, au bout d'un mois, j'avais gagné tout juste de quoi m'acheter une roulette ! Mais bon, pour l'amour de Chen, ma perle d'Asie, j'étais prêt à travailler dur pendant des mois et des mois !

C'est alors qu'il a commencé à neiger. Une chance pour moi ! La météo venait à mon secours et me donnait du travail ! Un matin, il y avait au moins cinquante centimètres de neige dans le jardin ! Je me suis habillé chaudement, j'ai été chercher la grande pelle dans le garage et j'ai commencé à déblayer les allées. J'ai très vite eu chaud sous ma casquette et mon blouson ; mais comme dit pépé : « Il n'y a qu'en transpirant qu'on peut espérer gagner de l'argent. »

Je me demandais juste combien de litres de sueur je devrais transpirer avant de pouvoir m'offrir mes rollers. La température baissait sans arrêt et la neige durcissait. Au début, elle était facile à déblayer, mais au bout d'un moment, c'était comme si je donnais des coups de pelle dans du béton. Le pire, c'était la sueur sur mon visage : elle gelait au fur et à mesure qu'elle coulait. J'étais en train de me transformer en bonhomme de neige.

Ce qui m'a sauvé, c'est la proposition de Christian. Alors que j'étais occupé à tracer un chemin devant la maison, je l'ai vu arriver sur le trottoir d'en face.

— Salut, Cédric !

— Salut, Christian !

Il m'a regardé un moment, moi, tout gelé, et ma pelle à neige. On

aurait dit qu'il avait quelque chose à dire, mais qu'il ne savait pas comment commencer. Au bout d'un moment, il s'est lancé :

— Dis, Cédric, il te manque encore beaucoup de sous pour acheter des rollers ?

J'ai rapidement recompté dans ma tête et j'ai répondu :

— Ben… ouais, quand même…

Et alors là, il a eu un geste formidable :

— Bon, ben tiens... a-t-il fait en sortant un portefeuille : voilà mes économies.

Il a sorti une liasse de billets épaisse comme ça ! J'ai écarquillé les yeux et ma main s'est tendue toute seule vers eux, sans que je la commande. Mais il a reculé la sienne, en précisant :

— Attends… je veux bien te les donner, si ça peut te rendre service, mais avant, il faut me promettre une chose : quand tu auras tes rollers, tu me laisseras faire des tours avec !

— Juré !

Quel pote, quand même, ce Christian ! Sans lui, je crois que je n'arriverais jamais à rien. Il s'était vraiment sacrifié pour moi ! Ce qu'il m'avait donné, ajouté à ce que j'avais déjà, faisait juste le compte pour que je puisse me payer mes rollers ! J'avais travaillé comme une brute pendant des mois, mais maintenant mes efforts étaient récompensés.

Un samedi, je suis allé me les acheter tout seul. Je voulais leur faire la surprise, chez moi. Lorsque je suis rentré, ils étaient en train de prendre leur tasse de café, dans le salon. J'ai crié à tue-tête :

— ÇA Y EST ! ÇA Y EST ! JE LES AI ! JE LES AI !

Ça a même réveillé pépé en sursaut.

— Hmmm ?

J'étais sur un petit nuage, j'ai déballé le paquet et je leur ai montré.

— MES ROLLERS ! ÇA Y EST, J'AI PU ME LES ACHETER !

— Bravo, fiston, a souri papa ; je suis content pour toi !

Maman avait juste une petite remarque à faire ; elle a dit :

— Moi aussi, Cédric, je suis contente. Mais euh… Tu ne peux pas t'en servir comme ça, hélas…

Ça m'a fichu un coup. Qu'est-ce qu'elle voulait dire par là ? Il ne fallait pas un permis, quand même ? Il ne fallait pas être majeur pour pouvoir faire des rollers ? Je me suis inquiété :

— Comment ça ?

— C'est que... tu n'as pas l'équipement de protection qui va avec…

— L'équipement de… Ah ben oui, c'est vrai…

J'avais pensé à tout sauf à ça. J'étais

tellement content de pouvoir enfin les glisser à mes pieds. Pour une mauvaise nouvelle, c'était une très mauvaise nouvelle. J'ai bégayé :

— Mais… mais comment je vais faire, alors ? Je n'ai plus d'argent !

Tout de suite, papa a mis les choses au clair :

— Désolé, mais ta mère et moi nous avons déjà assez participé !

Maman, elle, n'a pas perdu le sourire, elle a juste précisé :

— Je crois que le moment est venu de demander un petit coup de pouce à ton grand-père.

Et alors là, juste au même moment, on a entendu :

— Rroooonnn… RHOONN…

Il était malin, pépé. Mais j'avais compris le système, et je n'avais pas du tout l'intention d'abandonner si près du but. Je suis allé le tirer par la manche.

— Pépé… pépé, s'il te plaît…

Il a vite compris qu'il était démasqué

et que c'était inutile de faire durer ce petit jeu ; en rouvrant un œil, il a admis sa défaite :

— Bon, d'accord. Combien il te faut ?

— Ben euh, je n'ai pas besoin de grand-chose, en fait. Juste un casque… Et des coudières. Des jambières aussi, des protège-genoux et… des protège-poignets, et…

Il ne s'attendait pas à ça, mon pauvre pépé ; mais comment résister

au bonheur de me faire plaisir ? Voilà, j'avais lutté comme un guerrier, certains moments avaient été très durs, et j'avais failli plusieurs fois me laisser vaincre par le découragement ! Mais finalement j'avais obtenu ce que je souhaitais. Chen voulait du mouvement, de la vitesse, du dérapage contrôlé ? J'étais prêt. À fond dans le coup ! Plus question de me laisser dépasser !

Enfin, c'est ce que je croyais.

Le lendemain de mon achat, j'étais au parc, assis sur mon banc habituel, l'humeur un peu triste. Et lorsque Chen est passée dans l'allée devant moi, en longues foulées sur ses rollers, j'ai à peine réagi.

— Bonjour, Cédric ! m'a-t-elle lancé.

— Salut, Chen.

Un peu surprise de me trouver si éteint, elle a fait demi-tour et est revenue vers moi. Même avec un casque sur la tête, elle était jolie. Elle s'est étonnée :

— Je croyais que tu avais des rollers… Tu n'en fais pas, aujourd'hui ?

J'ai soupiré :

— Ben si, mais… J'avais promis un truc à Christian et… Enfin, une parole, c'est une parole, quoi ! Tu comprends ?

— Bien sûr. Tant pis, on fera du roller ensemble une autre fois. Bye !

C'est comme ça que je l'ai laissée filer, alors que la veille, je m'étais acheté tout le matériel nécessaire pour pouvoir la suivre. Mais j'avais une bonne raison : Christian ! Je lui avais prêté mes rollers, comme convenu, et il venait tout juste de rattraper Caprice qui faisait son demi-marathon quoti-

dien. De là où j'étais, j'ai pu entendre toute leur conversation. Christian l'a abordée en faisant de longues roulades sur un pied, puis sur l'autre, les mains dans le dos, comme un patineur artistique :

— Caprice ! Youhou, je suis là…

— Ça va, Christian ?

— Heu ben, oui, super bien… Tu sais, Caprice, je voulais te dire un truc depuis longtemps et…

Elle avait l'air de s'intéresser, mais pas plus que ça.

— Oui, et c'est quoi ?

Là, il a commencé à bafouiller, à

rougir, à se mélanger les pinceaux :

— Ben… C'est que je ne… Enfin, je ne sais plus trop, parce que…

— Ah bon. Tant pis, alors, a dit Caprice.

Et sans prévenir, elle a changé de direction, tandis que lui, emporté par son élan, dévalait une grande pente. Le souci, avec Christian, c'est qu'il est assez nul avec les filles ; même après avoir rattrapé Caprice, il a été incapable de lui avouer qu'il l'aimait ! N'empêche, il était encore sur un petit nuage quand il m'a rejoint. Il était content, c'était le principal. Et moi j'étais content de voir qu'il était content ! Bref, on était contents tous les deux. C'est peut-être ça, l'amitié. Sûrement, même.

Il m'a dit :

— Tiens, je te les rends, tes rollers… Et merci encore…

— De rien, vieux.

Je l'ai aidé à les enlever et il m'a aidé à les mettre ; je n'avais plus une minute à perdre. Chen était sans doute encore dans le coin et je devais à tout prix la rattraper : j'avais quelque chose à lui avouer.

Je l'ai retrouvée à l'autre bout du grand bassin. Je me suis approché d'un air innocent.

— Tiens, tu as récupéré tes rollers ? m'a-t-elle demandé en souriant.

C'était plus fort que moi : cette fille me faisait fondre. Je m'étais promis de lui déclarer des choses importantes et je n'ai réussi à lui sortir qu'une banalité :

— Euh... oui-oui... C'est sympa, les rollers, quand même, non ?

— Si-si !

— Bon, et je voulais en profiter pour te dire quelque chose...

— Je t'écoute.

C'est là que ça a coincé.

— Hum... C'est que... enfin, je...

C'est drôle, je crois que je ne m'en souviens plus, en fait.

Je n'y suis pas arrivé. Finalement, il a raison, Christian, il n'y a rien de plus difficile à faire qu'une déclaration d'amour lorsqu'on est montés sur des rollers et qu'on prend des virages à au moins 70 km/h. Non, pour ce genre de chose, il vaut mieux attendre d'être arrêté.

Et puis, arrêté ou pas, on a du mal à parler d'amour, quand on a huit ans !

2

La grande scène

Quand j'y pense… Quelle chance j'ai d'être aimé par une fille comme Chen ! Elle est si gentille, si douce ! Enfin, je dis « gentille » et « douce »… À condition de ne pas trop l'énerver. Parce que quand elle s'énerve, c'est autre chose ! Rien que la dernière fois, quand on jouait à la guerre, avec tous les copains, elle s'est mise dans une colère noire ! Faut dire que je l'avais un peu cherché…

Au début, je n'étais pas dans le coup. Je revenais d'une course en traversant le parc et je suis tombé sur une bande de copains allongés dans l'herbe à plat ventre. Il y avait Christian, Nicolas et Manu. Ils tenaient de gros fusils en plastique et faisaient semblant de tirer dans tous les sens. Ça faisait :

— PAN ! PAN ! PAW-PAW ! BRAAATA-TATA… ! BRAAATATATA… ! PAN !

Je me suis arrêté au milieu des tirs et du vacarme, et je leur ai demandé :

— Eh ! qu'est-ce que vous faites ?

Christian a répondu :

— On joue à la guerre. Je leur ai raconté le film d'hier à la télé…

— Et vous tirez sur qui ?

— Sur personne ! On fait semblant.

— Ah.

Soudain, Nicolas s'est relevé et s'est mis à courir devant lui en zigzaguant et en hurlant :

— PAN ! PAWPAW ! BRAAATATATA !

Après avoir fait une vingtaine de mètres, il s'est arrêté net, comme s'il venait de recevoir une balle. Et là, il est tombé par terre d'un coup, le nez dans le gazon, en se plaignant :

— Aaaaaaaah… Je suis touché ! Ils m'ont eu !

J'ai secoué la tête. C'était vraiment ridicule.

— Débile ! j'ai dit.

Mais ce n'était pas fini ; il s'est tordu de douleur, en se tenant le ventre et en gémissant :

— AAAARG… AAARGL…

Je me suis tourné vers Christian et j'ai posé mon index sur ma tempe en insistant bien :

— Mais alors, complètement débile.

Christian ne m'écoutait plus ; il a mis ses mains en porte-voix et a appelé :

— Hé ! par ici, les filles ! On a un blessé !

Une voix légère est alors sortie d'un buisson :

— Courage ! On arrive !

Et j'ai vu sortir Chen de derrière les feuilles, suivie de Chantal et de Jenny. Elles se sont mises à trottiner vers le blessé, chacune d'elles portant une petite valisette d'infirmière avec une croix rouge dessus.

En les voyant arriver, Nicolas a recommencé à se tortiller dans l'herbe, tout en poussant des gémissements de plus en plus inquiétants :

— Rhaaaa…

Tout ça ne me disait rien de bon. Mais c'est surtout quand j'ai vu Chen s'agenouiller près de Nicolas et lui soulever la tête doucement

que j'ai senti mes mâchoires se crisper. J'ai posé une main sur l'épaule de Christian, en serrant les doigts si fort que je l'ai vu grimacer.

Je lui ai demandé :

— Qu'est-ce que ça veut dire ?

— Ben, les filles, elles jouent avec nous... Elles font les infirmières ; elles nous soignent quand on est blessés, quoi !

Je n'avais pas besoin d'en savoir plus ; je lui ai arraché son fusil des mains et je me suis jeté au cœur de la bataille.

— Paw ! Paw ! Paw !

Partout, les balles sifflaient autour de moi, une odeur de poudre envahissait l'atmosphère, c'était un combat sans espoir. Très vite, je me suis pris une balle dans la poitrine.

— AAAAHHH !!!

La douleur était insupportable ! Je me suis laissé tomber au sol, à moitié évanoui.

— AARG… Je souffre… AARGL… Je meurs… AAAARGL…!

Au début, ça n'a pas eu l'air d'inquiéter grand monde. Christian s'est contenté de venir ramasser son fusil et de repartir à l'assaut. La bouche dans une motte de terre, j'ai entendu à nouveau :

— PAN ! PAWPAW ! BRAAATATA !

Il était grand temps d'attirer à nouveau l'attention sur moi. Pas facile de gémir et de hurler à la fois :

— RHAAAA...

J'ai réussi à ramper un peu, sans en avoir l'air, sur une petite butte où on me verrait mieux. Enfin, au loin, les infirmières ont réagi :

— Regardez ! Cédric est blessé aussi !

Et j'ai reconnu la voix de Jenny quand elle a dit :

— J'y vais !

C'était bien ma chance. De quoi elle se mêlait, celle-là ? Je jouais à ce jeu débile uniquement pour détourner Chen de Nicolas et voilà qu'une gourde à qui on n'avait rien demandé venait tout ficher par terre ! Et puis bon, j'é-

tais presque mort, quand même ! Normalement, Chen aurait dû tout abandonner pour venir me soigner, moi ! Elle n'allait quand même pas passer à côté de ce grand moment ? Elle allait le regretter toute sa vie !

Jenny s'est précipitée vers moi et est tombée à genoux sur le gazon, en m'écrasant un bras au passage. Vous parlez d'une infirmière !

— Ne t'inquiète pas, Cédric, a-t-elle dit ; je vais m'occuper de toi !

Elle aurait mieux fait de se taire. Je me suis redressé sur un coude, j'ai désigné les autres infirmières qui étaient restées au chevet de Nicolas et j'ai crié :

— Non, pas toi ! c'est elle, là-bas, que je veux !

Jenny n'a pas compris tout de suite ; elle a insisté :

— Chen ? Elle est occupée, tu vois bien ! Mais je suis disponible, moi !

Je sentais la rage me monter à la

gorge ; il fallait que je me débarrasse d'elle au plus vite : j'ai approché mon visage du sien et j'ai postillonné :

— C'est bien ça le problème !!! Si tu n'étais pas là, TOI, elle serait venue, ELLE !

Jenny continuait à me regarder d'un air idiot, un peu comme Christian quand Mlle Nelly, la maîtresse, explique un problème au tableau. Je ne la supportais plus :

— Ne me regarde pas comme ça ! Va la chercher ! Qu'est-ce que tu attends ? Tu ne vois pas que je souffre ?

Enfin, elle s'est levée.

— Très bien, a-t-elle dit d'un ton vexé.

Elle est partie rejoindre ses deux collègues infirmières. Je la surveillais du coin de l'œil. J'ai vu qu'elle murmurait quelque chose à l'oreille de Chen, qui a tout de suite changé de tête. C'est normal, lorsqu'on apprend qu'un malheur vient de frapper celui que l'on aime. Elle a rassemblé ses petites affaires, a

refermé sa valise et a couru vers moi. Je me suis replongé le nez dans l'herbe, il fallait vraiment que j'aie l'air mal en point !

Chen s'est agenouillée à son tour, et en m'attrapant le poignet pour me prendre le pouls, elle a commencé à m'ausculter :

— Tu as mal où, Cédric ?

— Rhâââ… euh... Ben… partout !

— Mmh-mmh… On va voir ça… Tourne-toi un peu sur le dos.

Je flottais comme dans un rêve… Tomber sous les balles ennemies,

quelle importance puisque j'avais Chen comme docteur ? Chen, qui passait ses mains douces sur mon visage souffrant, qui m'essuyait le front avec des rondelles de coton frais, qui soulageait mes blessures ? Décidément, l'amour fait des miracles ; peut-être même que grâce à ses talents d'infirmière, j'allais m'en sortir ?

Oui, enfin ça, c'était le scénario

parfait ; mais Chen est une fille, et avec les filles, tout le monde sait que ça se passe rarement comme prévu. Au bout de quelques minutes de soins, elle avait terminé.

— Voilà, Cédric, c'est fini.

Moi, j'avais trouvé ça court ; je lui ai dit, d'ailleurs :

— Déjà ?

— Oui ! Tu es complètement rétabli, maintenant.

Après avoir soigneusement refermé sa trousse de secours, elle s'est relevée, s'est essuyé les genoux, et s'est éloi-

gnée. Ce qui était bizarre, c'est qu'on n'entendait plus rien. Tout le monde avait arrêté de jouer ; les morts et les blessés s'étaient relevés. Et non seulement ça, mais ils avaient tous les yeux fixés sur moi : Jenny, Nicolas, Christian, Chantal et Manu. Quand je me suis approché d'eux, en souriant à moitié, Jenny a fait :

— Oooooh...

Et Christian a secoué la main en disant :

— Ben mon vieux !

Ils me fatiguaient, à la fin ! Je me suis planté devant eux et j'ai aboyé :

— Quoi ? Qu'est-ce qu'il y a, qu'est-ce que j'ai ?

— Dis donc, s'est exclamé Manu, elle t'a pas raté !

Je ne comprenais rien.

— Comment ça, pas raté ?

— Euh… à mon avis, a répondu Christian, t'aurais pas dû l'énerver !

— Quoi, pas dû l'énerver ? J'ai juste fait comme les autres… J'ai été

touché, je me suis écroulé et j'ai appellé à l'aide, voilà, c'est tout !

Chantal a pris la parole :

— N'empêche, nous, au début, on croyait qu'elle faisait semblant, et puis…

— Mais semblant de quoi ?

Au moment où je disais ça, j'ai regardé ma main. Je venais de me gratter le front parce que j'avais senti quelque chose me démanger. Et le bout de mes doigts était tout rouge. Mais rouge bien vif, d'une jolie couleur de fraise écrasée, bien fraîche, écarlate !

Alors j'ai compris. J'ai compris pourquoi ils me regardaient tous avec cet air crétin. Chen m'avait soigné, mais à fond. Elle m'avait badigeonné de mercurochrome, partout où elle avait trouvé de la place. Je commençais à sentir que ma peau se craquelait sur tout mon visage, et jusque dans le cou. Je devais ressembler à une lanterne chinoise.

Sur le moment, je n'ai pas apprécié. Je suis rentré chez moi en courant, en essayant de me cacher

du mieux possible. Dès que j'ai franchi le seuil, je me suis rué dans la salle de bains, sans même dire bonsoir à pépé que j'avais réveillé en claquant la porte.

Et j'ai commencé à frotter, avec un gant de toilette mouillé. Mais tout le monde sait que ça résiste, le mercurochrome ; et celui-là, en plus, devait être de bonne qualité. Plus j'insistais, et plus je devenais rouge, à cause du frottement qui m'irritait la peau. Je ne savais plus si je devais continuer. J'ai complètement arrêté à partir du moment où je me suis dit que si je frottais trop fort, le mercurochrome risquait de s'incruster, de me faire une sorte de tatouage sur le visage !

Elle est comme ça, Chen : elle a du caractère ! Et comme dit Christian : quand je serai marié avec elle, j'aurai intérêt à y aller doucement.

D'ailleurs, le soir-même, à la maison, j'ai eu un échantillon de ce qui risquait de m'arriver, plus tard. On lisait des magazines dans le salon, avec pépé, quand papa est rentré du travail. Il était d'une humeur massacrante ; il a

commencé par jeter son pardessus et sa mallette sur le canapé mais il a raté sa cible et tout s'est retrouvé par terre, en vrac. Après, il a filé à la cuisine, où était maman, en prenant à peine le temps de nous saluer.

— Bonsoir !

— B'soir, p'pa !

— 'Soir.

Il a fermé la porte derrière lui, mais de là où on était, on a pu suivre toute leur conversation. Sur le même ton très sec, il a tout de suite demandé :

— Qu'est-ce qu'on mange, ce soir ?

Quand elle a répondu, maman était encore de bonne humeur.

— Des escalopes de veau.

Je pense que si elle avait répondu « rosbeef-haricots verts », la réaction de papa aurait été la même ; il en voulait à la terre entière et avait de toute façon envie de s'en prendre à quelqu'un :

— Encore ! Et avec de la purée, je suis sûr… Tu ne pourrais pas essayer de changer un peu, une fois de temps en temps ? Ras le bol, moi, des escalopes-purée !

La bonne humeur de maman s'est aussitôt envolée.

— Si tu n'es pas content, personne ne t'empêche d'aller manger dehors !

Et vlan ! Ça, c'était envoyé ! Papa ne s'attendait pas à cette réaction ; il a laissé passer quelques secondes avant de répliquer :

— Et voilà ! Vous avez vu ? Madame se fâche parce qu'on lui explique qu'on en a assez de manger tous les jours la même chose !

Pépé et moi, dans le salon, les oreilles dressées, on ne perdait pas une miette de la dispute de papa et maman et on comptait les points. Papa, qui avait attaqué, était encore

en tête, mais maman n'avait pas dit son dernier mot :

— Robert, arrête !

— J'arrête si je veux !

— Ah, c'est comme ça !

Alors, on a entendu que quelqu'un ouvrait la fenêtre de la cuisine violemment ; après, il y a eu deux ou trois chocs métalliques et puis plus rien. Plus rien jusqu'à ce que la voix de papa retentisse de nouveau :

— Alors ça, c'est malin !

Un peu inquiet, j'ai regardé pépé, et j'ai demandé :

— Qu'est-ce qu'elle a jeté par la fenêtre ?

Pépé a souri d'un air assez satisfait. Il semblait assez fier de sa fille et de ses réactions ; il a dit :

— Quatre belles escalopes bien rôties.

Tout à coup, la porte de la cuisine s'est ouverte. Maman est apparue, tête haute ; elle est passée devant nous en traversant le salon et s'est dirigée vers l'escalier, sans rien dire. Elle a juste défait son tablier de cuisine au passage et l'a jeté sur le canapé.

On l'a suivie des yeux jusqu'à ce

qu'elle arrive à l'étage. Mais quand papa est sorti de la cuisine et qu'il a traversé le salon à son tour, on a fait comme si on n'avait rien remarqué ; on a replongé la tête dans nos magazines. Pour avoir la fin de l'histoire, on a tendu l'oreille vers le premier étage. C'était là-haut, dans le couloir, que ça se poursuivait. Papa frappait à la porte de leur chambre et n'obtenait pas de réponse. Au bout d'un moment, il s'est mis à donner des grands coups et à crier :

— Marie-Rose, ouvre cette porte !

— Nan !

— Ouvre cette porte, j'ai dit !

— Nan !

Je commençais à m'inquiéter, moi. Mais pépé souriait toujours, comme si ce genre de choses arrivait souvent dans la vie et qu'il ne fallait pas s'en faire… Seulement, après, maman s'est mise à sangloter ; on l'entendait dans toute la maison.

Alors pépé a passé son bras autour

de mes épaules et m'a serré un peu contre lui pour me réconforter :

— T'en fais pas, gamin, ce n'est qu'une scène de ménage ! Ce n'est ni la première ni la dernière !

J'ai ravalé l'envie de pleurer que je sentais venir du fond de ma gorge, et j'ai essayé d'en savoir plus :

— Ça t'arrivait, toi, avec mémé Germaine ?

— Je pense bien, oui ! a répondu pépé comme si ça se produisait tous les jours ou presque.

Il a commencé à me raconter, et en le regardant bien au fond des yeux, j'avais l'impression de voir toutes les images qu'il revoyait lui-même.

— Je me souviens, on était encore tout jeunes, à l'époque. Toute la journée, je travaillais dur et lorsque je rentrais tard, le soir, j'avais une faim de loup...

— Alors, tu te précipitais dans la

cuisine et vous vous mettiez tous à table.

— Oui, exactement ! Et ce soir-là, je ne sais plus pourquoi, j'étais particulièrement en rogne... J'ai jeté un œil à ce que Germaine avait commencé à préparer et je lui ai demandé : « On mange quoi, ce soir » ?

— Qu'est-ce qu'elle a répondu ?

— Ce qu'elle a répondu ? « Du ragoût de mouton » ! Alors moi, je

me suis relevé rageusement et je lui ai dit que je commençais à en avoir par-dessus la tête de son ragoût de mouton ! C'est vrai, quoi ! Elle en faisait au moins cinq fois par semaine !

— Et alors, qu'est-ce qui s'est passé ?

Ça m'intéressait vraiment ! Pépé a cessé de sourire et ses yeux se sont un peu obscurcis. Il a dit :

— Oh, pas grand-chose, elle est allée balancer le ragoût dehors, dans l'écuelle du chien.

J'ai ri.

— Il devait être content, dis donc !

— Tu parles ! Tellement content qu'il a tout avalé d'un coup et qu'il a failli crever d'une indigestion.

— Et après ?

Pépé n'a pas répondu tout de suite et a fait semblant de s'assoupir parce que papa redescendait les escaliers ; il a attendu qu'il soit retourné dans la cuisine, avant de me raconter la suite.

— Après ? Elle a fait exactement comme ta mère : elle est allée s'enfermer dans sa chambre ! Et moi, eh bien, j'ai fait exactement comme ton père : je suis allé tambouriner

à sa porte en criant : « Germaine !!! Ouvre cette porte tout de suite !!! »

— Et elle a ouvert ?

— Oh que non !

Je me suis mis à réfléchir : apparemment, c'était donc une habitude, chez les femmes. Elles devaient se passer le mot. J'ai demandé à pépé :

— Quand je serai marié, tu crois que ça m'arrivera aussi ?

Il m'a regardé en hochant la tête vigoureusement.

— Sûr et certain !

J'ai grimacé, mais au moins, j'étais prévenu. Il ne me restait qu'à imaginer la scène. Un soir, alors que je rentrerai tard, et fatigué de mon travail, je traverserai notre salon à grands pas nerveux, tout en desserrant mon nœud de cravate, et j'irai droit à la cuisine. Chen sera là, affairée devant les fourneaux. Et je lui demanderai directement :

— Qu'est-ce qu'on mange, ce soir ?

— Du soja.

Je ne sais pas pourquoi, mais ce soir-là, le simple fait d'entendre ce mot me rendra fou.

— Quoi ? Encore ! Pâté de soja, soja farci, soja en salade, beignets de soja ! Mais j'en ai ras la frange, moi, de ton soja !

Et elle fera : « Oooohhh !... » en ouvrant très grand ses jolis yeux plissés. Elle m'enverra son tablier à la tête et

sortira de la cuisine en claquant la porte. Un peu plus tard dans la soirée, ne la voyant pas revenir, j'irai me planter devant la porte de notre chambre et je la trouverai fermée. Alors je tambourinerai à la porte, un peu inquiet, quand même, et je me mettrai à crier :

— Chen ! Ouvre cette porte ! Chen !

Et elle répondra : « Nan ! », tout comme maman, tout comme mémé Germaine, et comme toutes les femmes très-très fâchées ! Pépé, qui avait écouté jusqu'au bout mon histoire, a hoché la tête :

— Oui, ça se passera à peu près comme ça ; mais dis-moi... qu'est-ce qu'elle fera du plat de soja ?

J'ai réfléchi un instant avant de trouver une réponse.

— Elle le donnera au canari.

Pépé a soulevé un sourcil, celui qu'il soulève toujours lorsqu'il est surpris.

— Pourquoi au canari ?

— Parce qu'on aura des canaris, tiens ! Chen a horreur des chiens.

Au même moment, papa est ressorti de la cuisine et a retraversé le salon. Il avait l'air embêté, il n'avait plus du tout la même démarche que la première fois, et quand il a monté l'escalier, ses pieds ont frappé moins fort sur les marches.

J'ai soufflé à pépé :

— Eh, pépé… comment ça s'arrête, les disputes ?

Il m'a souri, tout en désignant d'un coup de menton le couloir du premier étage.

— Attends, tu vas voir…

Papa avait très nettement baissé d'un ton quand il s'est remis à appeler maman, à travers la porte de la chambre toujours fermée.

— Chérie ? C'est moi… ouvre, voyons…

Du côté de maman, on a aussi senti un certain relâchement.

— Non…

Alors papa a pris sa voix de petit garçon, la voix de celui qui regrette d'avoir fait une grosse bêtise.

— S'il te plaît, chérie… Je regrette ce que j'ai dit… J'étais un peu énervé, fatigué, c'est tout…

Elle n'a rien dû répondre, ou alors à voix si basse qu'on n'a rien entendu, du rez-de-chaussée. Elle devait commencer à faiblir. Papa est revenu à la charge, une petite charge toute douce, toute suppliante :

— Chérie… Tu me pardonnes , dis ?

Quelques instants plus tard, on a

entendu la porte s'ouvrir et ils n'ont pas tardé à descendre l'escalier tous les deux, bras dessus, bras dessous, comme des amoureux.

— Allez, mets ton manteau, lui a dit papa, je t'emmène au restaurant !

Lorsqu'ils sont passés devant nous, papa a semblé se souvenir qu'on était là ; il était tout guilleret.

Il a dit :

— Bon, ne nous attendez pas pour dîner. On sort. Il y a tout ce qu'il

faut au frigo pour vous.

Puis il s'est tourné vers maman, qui avait à peine les yeux encore un peu embués.

— Tu viens, chérie ? a-t-il dit.

— Je suis prête.

Ils sont sortis en marchant comme sur un petit nuage. Alors on est restés là, pépé et moi, tout drôles, assis dans nos fauteuils et silencieux. Au bout d'un moment, j'ai retrouvé mes esprits :

— Pépé... Pour toi et mémé Germaine, ça s'est aussi terminé comme ça ?

Il a respiré profondément avant de me répondre :

— Hum... Tu sais, le restaurant, c'était le grand luxe à notre époque. On allait plutôt terminer la soirée dans une guinguette, à boire un coup et à danser ! Et toi, gamin, tu la termineras comment, ta soirée ?

— Oh ben moi, il n'y a pas à

hésiter… Au restaurant !

— Au restaurant chinois, je suppose ? a fait pépé.

— Ben oui.

— Ah ah ah ah !!! je l'aurais parié ! Il a rigolé un bon coup et puis quand il s'est calmé, il a pris son air un peu triste.

— Ah, dommage qu'elle ne soit plus là, ma Germaine, sinon…

— Et moi, dommage que je ne sois pas déjà grand et marié !

À ce moment-là on s'est regardés et on a pris une décision. On n'a même pas eu besoin de parler.

On s'est retrouvés, dix minutes plus tard, assis sur un banc au coin de la rue. On venait de s'acheter deux hot-dogs à la camionnette du vendeur ambulant. Avant de croquer dans son sandwich, pépé m'a dit :

— Au moins, ça m'a rappelé de bons souvenirs…

— Et moi, ai-je ajouté, ça m'aide à

patienter…

Parce qu'après tout, qu'on ait huit ans ou qu'on en ait plus, les disputes, ce n'est pas très grave, quand il y a de l'amour !

CÉDRIC
CÉDRIC 3
CLASSE TOUS RISQUES
CÉDRIC 4
PAPA A DE LA CLASSE
CHAQUE SEMAINE DANS
SPIROU

Imprimé en France par ***Partenaires-Livres***®
N°dépôt légal : 40312 - février 2004
20.20.0876.01/1 - ISBN 2-01-200876-3